ONTARIO LIBRARY SERVICE — NIPIGON

D0885938

ONTARIO LIBRARY SERVICE — NIPIGON

J
French
Fiction

Moore, Clement C.
  LA NUIT DE NOEL

MANITOUWADGE PUBLIC LIBRARY

MANITOUWADGE PUBLLIC LIBRARY
00019667

La nuit

The Night Before Christmas
Illustrations copyright © 1975 by Random House, Inc.
Version française
© Les Éditions Héritage Inc. 1987
Tous droits réservés
Dépôts légaux : 3e trimestre 1987
ISBN : 2-7625-4825-X   Imprimé au Canada

PLEASE READ TO ME & RABBIT READING
design is a registered trademark of Random House, Inc.
and is used by Les Éditions Héritage Inc. under license.

de Noël

de Clement C. Moore • Illustré par Douglas Gorsline
Adaption française de Cécile Gagnon

Héritage jeunesse

C'est la nuit de Noël.

Dans la maison endormie

Rien ne bouge; même les souris se sont assoupies.

On a suspendu les bas dans la cheminée
Et du Père Noël on attend l'arrivée.

Les enfants, bien au chaud dans leurs lits,

Rêvent de gâteaux et de sucreries.

Maman dort déjà et moi, coiffé de mon bonnet,
M'apprête à dormir d'un long sommeil douillet.

Quand tout à coup, un tintamarre assourdissant

Me tire du lit en un instant.
Je file à la fenêtre et ouvre aussitôt
Claquant les volets et tirant les rideaux.

La lune brille sur la neige fraîchement tombée
Et tout, dehors, est parfaitement éclairé.

Devant mes yeux ravis, passe un minuscule traîneau
Tiré par huit petits rennes pétulants
Le conducteur est un gentil vieillard souriant
C'est lui, c'est le Père Noël ! Je n'en peux plus douter !

À ses coursiers filant, plus rapides que des aigles,
Il crie leurs noms pour stimuler leur ardeur :
Filez Fringant et Fanfaron ! En avant, Pimpant et Danseur !

Allez ! Éclair et Tonnerre !
Sautez, Comète et Cupidon !
Par-dessus le mur ! Par-dessus le balcon !
En avant ! En avant ! Allons, dépêchons !

Comme un bouquet de feuilles mortes que le vent emporte
L'équipage s'élance par-dessus la ville endormie
Emportant le Père Noël et son chargement de cadeaux.

Et j'entends sur le toit, aussitôt,
Les rennes gratter et taper avec leurs sabots.

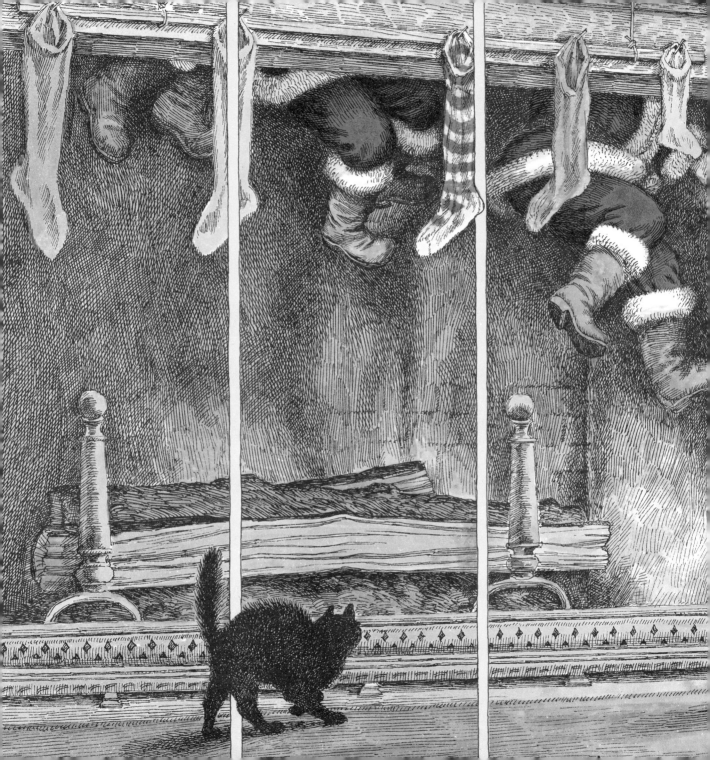

Rentrant la tête qui vois-je arriver,
Sautant d'un bond par la cheminée
Et vêtu de fourrure de la tête aux pieds,
Son beau costume tout taché de cendre
    et de suie ?
C'est le Père Noël chargé d'un gros sac
    bien rempli;
On dirait un colporteur traînant
    sa panoplie.

Que ses yeux pétillent ! Quel air enjoué !
Ses joues sont comme des roses, son nez comme une cerise.
Les coins de sa bouche retroussés dessinent un sourire
Sa barbe au menton fait penser à la neige.
Sortant de la pipe qu'il serre entre ses dents,
Un grand panache de fumée le couronne de blanc.
Son visage est joufflu et son ventre rebondi
Tremble quand il rit comme de la gelée aux fruits.
Son allure est si joyeuse que, en le regardant,
Je ne peux m'empêcher de rire aux éclats.
Il me fait un clin d'oeil et, d'un signe de tête,
Me fait comprendre que nous sommes entre amis.

Sans dire un mot, il se met à l'ouvrage
Il remplit chaque bas et puis, lorsqu'il a fini,

Il remonte d'un seul coup dans la cheminée,
Hochant la tête et mettant son doigt sur son nez.

Il saute dans le traîneau et, sifflant son équipage,

Comme une aigrette de pissenlit,
s'envole dans les nuages.

Mais avant de disparaître, je l'entends s'écrier :

LONGLAC PUBLIC LIBRARY

MANITOUWADGE PUBLIC LIBRARY

*Joyeux Noël à tous
et à chacun : Bonne nuit !*